INVENTAIRE
V32231

AF475986

V

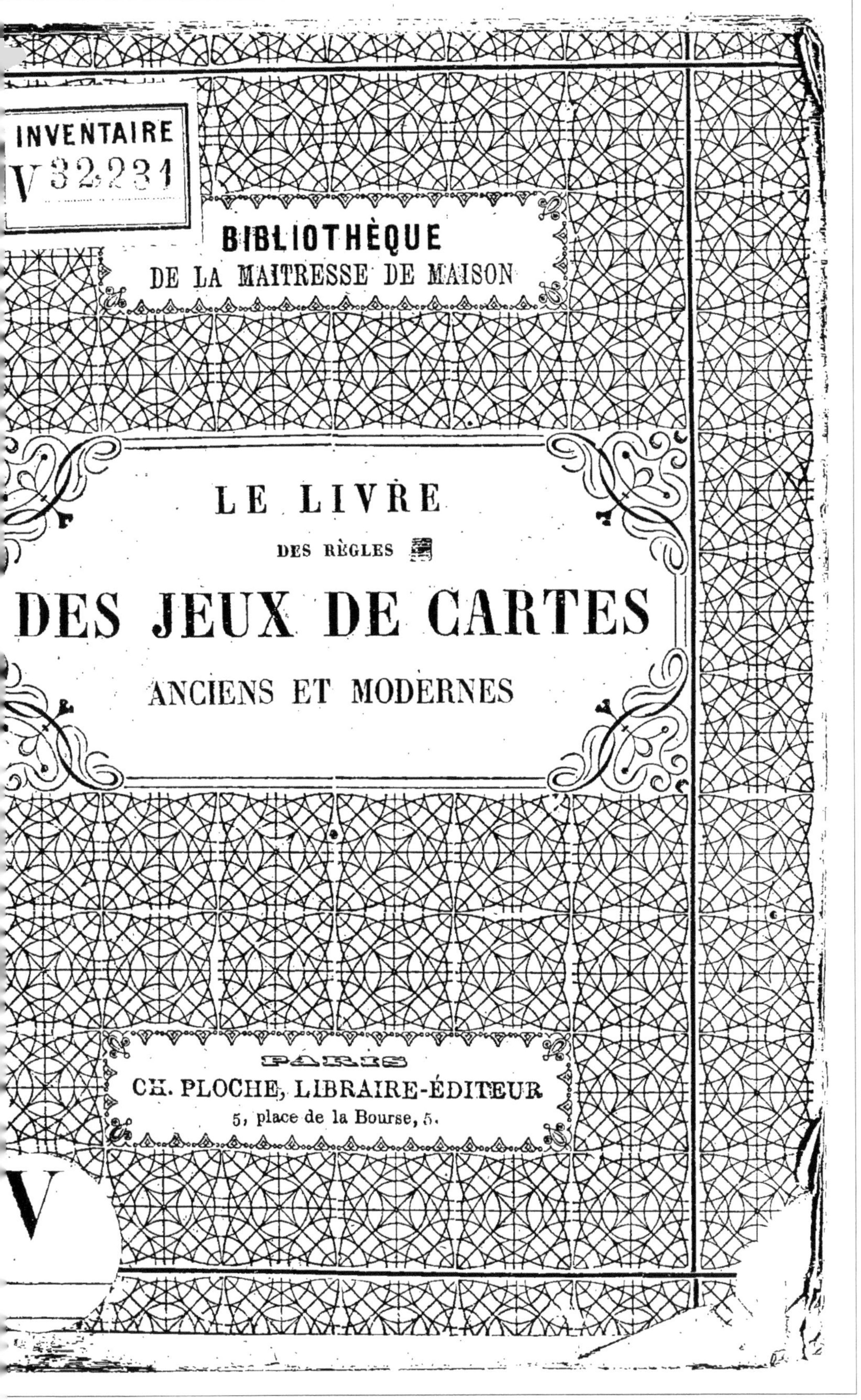

BIBLIOTHÈQUE
DE LA MAITRESSE DE MAISON

LE LIVRE
DES RÈGLES
DES JEUX DE CARTES
ANCIENS ET MODERNES

PARIS
CH. PLOCHE, LIBRAIRE-ÉDITEUR
5, place de la Bourse, 5.

LE LIVRE

DES

RÈGLES

DES JEUX DE CARTES

ANCIENS ET MODERNES,

PAR

JULIEN LEMER.

PARIS

CH. PLOCHE, LIBRAIRE-ÉDITEUR,

5, Place de la Bourse.

1852

PARIS, IMP. DE SCHILLER AINÉ, 11, RUE DU FAUB.-MONTMARTRE.

LE LIVRE DES RÈGLES

DES JEUX DE CARTES.

Avant d'entrer en matière et de vous expliquer un à un les principaux jeux de cartes usités dans la société actuelle, n'est-il pas de quelque utilité de vous mettre au courant de l'origine et de l'histoire de ces petits cartons qui servent journellement à ses distractions? Permettez-nous donc une étude abrégée sur cette partie historique à laquelle de nombreux et inédits archéologues ont consacré des milliers de pages.

DE L'ORIGINE DES CARTES A JOUER.

Les derniers savants qui se sont occupés de ce grave sujet sont M. Peignot, un passionné bibliophile et bibliographe, dont la curieuse bibliothèque vient d'être vendue tout récemment, et M. Paul Lacroix (bibliophile Jacob).

M. Peignot a recueilli avec soin et conscience l'analyse des opinions diverses d'une foule de savants, tels que le père Daniel, l'abbé Bullet, le père Ménestrier, l'abbé Rive, l'abbé Bertinelli, le baron de Heineken, Singer, Breitkopf, Court de Gébelin, Ottley, Jansen; si donc vous teniez à acquérir une science complète à cet égard, ce dont je doute fort, vous n'auriez qu'à recourir soit à M. Peignot, soit aux traités de tous ces courageux chercheurs d'origines.

Quant au bibliophile Jacob, il a publié une véritable dissertation sur les cartes et s'est appuyé de l'opinion de tous ses prédécesseurs. C'est principalement à son travail que je vais demander quelques faits et quelques aperçus.

Lamarre, dans son *Traité de police*, et, après lui, l'abbé Legendre, invoquant l'autorité de Polydore Virgile, prétendent que les Lydiens inventèrent le jeu de cartes pendant une affreuse disette, que cette nouvelle distraction leur fit presque oublier. Vous est-il quelquefois arrivé, Madame, d'oublier de dîner en faisant vos visites? En ce cas, je vous plains. — On est quelque peu porté toutefois à penser que si les Lydiens ont connu un jeu qui se jouait avec des tableaux figurés, dans le genre du *Jeu de l'Oie* des Athéniens (et pour ce dit jeu renouvelé des Grecs), ce jeu des Lydiens ne se jouait pas précisément avec des cartons pareils à ceux qui servent au jeu de piquet.

Court de Gébelin assure, quant à lui, que c'est aux Egyptiens que l'on doit les jeux de cartes et il explique les figures qui les ornent par les hiéroglyphes. Ce qui paraît incontestable, c'est que les cartes nous sont venues de l'Orient avec les échecs; il y a même lieu de croire que primitivement les cartes offraient une représentation exacte des échecs. On peut supposer même que les principales pièces étaient figurées par les cartes principales, représentées aujourd'hui par le roi, la dame, le valet et l'as, que le jeu se jouait à quatre, que chacun avait sa couleur à défendre et que les combinaisons s'engageaient comme au jeu d'échecs; c'était le jeu primitif de la bataille, ce jeu amusant que nous avons tous plus ou moins joué dans nos jeunes années. — Ces analogies de cartes avec les échecs se justifient du reste assez bien par les figures des *tarots* du XVe siècle, sur lesquels on voit le *fou* et la *tour*, dite maison de Dieu.

Le jeu de cartes est de même que le jeu d'échecs, l'*image de la guerre*, ainsi que le chante le roi en démence dans le grand duo de *Charles VI*; on trouve aussi dans ces tarots une carte exceptionnelle dont l'invention devait être équivalente à l'*échec et mat;* cette carte figure la *mort*, montée sur le cheval de l'*Apocalypse*. Originairement, il paraît que le jeu de cartes ne contenait pas plus de cartons que l'échiquier ne comportait de pièces; il était divisé en deux bandes, l'une rouge et l'autre noire, et alors le jeu ne se jouait qu'à deux. Plus tard, on augmenta le nombre des cartes; il devint nécessaire de créer de nouvelles combinaisons et les deux jeux cessèrent d'être en analogie.

Plusieurs archéologues n'ont fait remonter l'invention des cartes qu'à 1392. Aujourd'hui il est prouvé qu'elles étaient en usage avant cette époque. En effet, dès 1240, le synode de Worchester défend aux clercs les jeux deshonnêtes et entr'autres *le jeu du Roi et de la Reine*. En outre, il en est question dans un manuscrit italien de 1299; les statuts monastiques les proscrirent sous le nom de *pagime*, et un édit du roi de Castille, promulgué en 1387, les met au nombre des jeux prohibés. Dans un roman publié en 1532, on trouve des vers sur les fols et folles qui

Jouent au dés, aux cartes, aux tables,
Qui à Dieu ne sont délectables.

M. Van-Tenac, l'auteur de l'*Académie des jeux*, publiée chez Garnier frères, pense que le jeu de cartes était connu en Chine plus de dix siècles avant Jésus-Christ.

Maintenant que vous savez à peu près ce qui a été dit sur l'époque à laquelle furent inventées les cartes, occupons-nous de la question de savoir à quel pays d'Europe elles ont d'abord appartenu.

Les savants se sont beaucoup agités dans le vide et ont versé des flots d'encre pour prouver tour à tour que les cartes sont françaises, ou italiennes, ou allemandes, ou espagnoles. Le bibliophile Jacob assure qu'en tout cas le jeu des tarots ne peut être français. Un vieux livre, le *Jeu d'Or,* imprimé, en 1472, à Augsbourg, les donne comme nées en Allemagne en 1300; l'abbé Rive soutient que c'est un nommé Nicolas Pépin qui les inventa en Espagne en 1330; enfin l'abbé de Longuerue affirme qu'elles furent connues bien avant cette époque en Italie.

Ce qu'il y a de certain, c'est que les couleurs ne portent point les mêmes noms dans ces divers pays. Ainsi là où nous avons *pique, trèfle, carreau et cœur,* les Espagnols ont *épée, bâton, denier et coupe*, les Allemands, *vert, gland, grelot et rouge.* On croit que l'origine des couleurs des cartes françaises remonte à l'invention du jeu de piquet, lequel date du temps de Charles VII. D'autres pensent qu'elles n'ont pas changé depuis l'invention de Jacquemin Gringonneur, imagier du roi, qui imagina le jeu de cartes peintes, en 1391, pour distraire Charles VI. Mais à cette époque, les cartes avaient environ vingt-deux centimètres de longueur ; elle ne devaient pas être faciles à manier.

Breikopft a trouvé en Sibérie des cartes semblables à celles du temps de Charles VI, qu'on attribue à Gringonneur. Ces cartes, au nombre de dix-sept imitations de la danse macabre, ont été conservées au cabinet des estampes de la bibliothèque nationale; elles sont peintes et dorées, et représentent le *pape,* l'*empereur,* le *fou*, le *pendu,* l'*écuyer*, le *triomphateur*, les *amoureux,* la *lune* et les *astrologues*, le *soleil* et les *parques,* la *justice,* la *fortune*, la *tempérance,* la *force,* la *mort,* le *jugement des âmes*, la *maison de Dieu.*

Le bibliophile Jacob dit que ce fut pour éluder une ordonnance du roi Charles VI, qui prohibait tous les jeux de nature à empêcher ses sujets de se livrer à l'exercice des armes, que le brave Lahire, ou plutôt un servant d'armes personnifié dans le valet de trèfle, réforma le jeu des tarots, afin de pouvoir faire comprendre les cartes au nombre des exercices militaires, qu'il eut l'ingénieuse idée de figurer avec le trèfle la garde d'une épée, avec le carreau le fer carré d'une grosse flèche, avec la pique la lance d'une pertuisane, avec le cœur la pointe d'un trait d'arbalète, toutes armes des compagnies royales. L'as faisait allusion à l'argent destiné à la paie des troupes. Les quatre rois représentaient les quatre grandes monarchies, juive, grecque, romaine et française, dont Charles VII se disait le souverain, en sa qualité de successeur de Charlemagne.

Les quatre rois, David, César, Alexandre, comme Charles, portaient le manteau d'hermine et le sceptre fleurdelysé; les quatre dames se substituaient aux quatre *vertus* des tarots : *Judith*, c'était la *Force*, *Pallas* la *Justice*, *Rachel* la *Fortune*, *Argine* la *Tempérance*. Les quatre *varlets* représentaient la noblesse de France depuis son origine : *Hector* de Troie, père de ce douteux Francus, dit le premier roi de France; *Ogier*, le Danois, l'un des pairs de Charlemagne; *Lahire*, l'un des plus valeureux capitaines de Charles VII, et *Lancelot* nom d'emprunt de l'inventeur du système.

Une autre étymologie non moins ingénieuse, suppose que nos quatre couleurs font allusion aux quatre grandes classes de la société du temps. Dans cette hypothèse, le *cœur* est la couleur du clergé, qui signifie chœur; le *pique* celle de la noblesse, qui commande les hommes d'armes; le *carreau* celle de la bourgeoisie qui marche sur le pavé des villes, et le *trèfle* celle des paysans et cultivateurs.

Enfin, voici en quels termes deux pères jésuites expliquent, à leur point de vue, le sens symbolique des cartes :

« *As* est, en latin, le nom d'une pièce de monnaie; les as, au piquet, ont la primauté, même sur les rois, pour montrer que l'argent est le nerf du gouvernement, et surtout de la guerre, et lorsqu'un roi en manque, sa puissance est éphémère.

» Le trèfle, herbe si commune dans les prairies, rappelle qu'un habile capitaine ne doit pas faire camper son armée dans un lieu où le fourrage peut lui manquer.

» Les piques et les carreaux rappellent que les magasins d'armes et arsenaux doivent être toujours bien garnis. Tout le monde connaît l'arme appelée *pique;* quant aux carreaux, c'étaient de lourdes flèches à fer carré qu'on lançait avec l'arbalète.

» Les cœurs représentent le courage des chefs et des soldats : David, Alexandre, César, Charlemagne, sont à la tête de quatre quadrilles, pour signifier que quelque nombreuses et quelque braves que soient les troupes, elles ont besoin de chefs prudents, courageux et expérimentés; la vie de ces chefs est précieuse, il ne faut pas qu'ils tombent aux mains de l'ennemi, d'où vient qu'au *piquet*, ayant à soutenir une rude attaque, la chose importante est de donner des gardes aux rois.

» L'anagramme d'*Argine*, nom de la dame de trèfle, est *Regina;* c'est Marie d'Anjou, femme de Charles VII; *Rachel*, dame de carreau, c'est Agnès Sorel; *Pallas*, dame de pique, c'est Jeanne d'Arc, la Pucelle d'Orléans; et *Judith*, dame de cœur, c'est Isabeau de Bavière.

» Les noms des quatre valets : *Ogier*, valet de pique, *Lancelot*, valet de trèfle, deux preux de Charlemagne; *Lahire*, valet de cœur, et *Hector*, valet de carreau, deux capitaines de distinction sous le règne de Charles VII. Ces quatre valets représentent l'ancienne noblesse, comme les dix, les neufs, etc., représentent les soldats et le peuple, etc., etc. »

Lés noms des jeux et les noms mêmes des cartes ont subi toutes sortes de transformations, depuis Charles VII jusqu'à nos jours. Chaque époque a eu son jeu à la mode ; c'est ainsi qu'on a vu régner en France successivement le *lansquenet*, le *piquet*, la *triomphe*, la *prime*, le *flux*, le *trente-et-un*, la *condemnade*, le *Mariage*, etc., Louis XII jouait au flux dans son camp devant les soldats ; et Pantagruel, nous dit Rabelais, trouva à Bordeaux des matelots qui jouaient à la *luette*.

Quant aux noms des personnages, voici les principaux changements qu'ils ont subis. Sous Charles IX, les rois *Auguste*, *Constantin*, *Salomon* et *Clovis* avaient pour dames *Clotilde*, *Elisabeth*, *Penthésilée* et *Didon* ; et pour suivants, les *valets de chasse*, *de noblesse*, *de cour* et *de pied*. Louis XIV imposait aux cartes cette devise : *J'aime la cour ; vive la reine ! vive le roi !* Il donnait aux rois les noms de *César*, de *Ninus*, d'*Alexandre* et de *Cyrus Major ;* à leurs dames, ceux de *Pompéia*, *Sémiramis*, *Roxane* et *Hélène* ; aux valets, ceux de *Roger*, *Renaud* et *Roland* ; le valet de trèfle recevait le nom du cartier ; enfin, sous la République, les quatre rois furent supplantés par quatre philosophes : *Voltaire*, *Rousseau*, *Lafontaine*, *Molière ;* les quatre reines par quatre *vertus*, et les quatre valets par autant de *réquisitionnaires*.

RÈGLES GÉNÉRALES.

On compte trois sortes de jeux de cartes : 1° le jeu complet, composé de cinquante-deux cartes ; 2° le jeu d'*hombre*, qui n'en contient que quarante ; c'est le jeu complet moins les huit, les neuf et les dix ; 3° le jeu de *piquet*, réduit à trente-deux cartes par l'enlèvement des basses cartes du jeu complet, c'est-à-dire des six, des cinq, des quatre, des trois et des deux. La régie vend des jeux ainsi préparés; les joueurs leur font encore subir d'autres modifications; par exemple pour l'*ambigu*, on enlève les figures; pour la *bouillotte*, on supprime les valets, les dix et les sept.

On appelle *donne* le droit de distribuer des cartes aux joueurs; la *donne* doit être tirée au sort; il y a deux manières de faire ce tirage : chacun des joueurs lève une partie du jeu, et celui qui *coupe* à l'endroit de la carte la plus forte, a le droit de donner; ou bien une carte est donnée à découvert à chacun, et c'est celui auquel advient la plus marquante qui a ce droit.

Le joueur qui est chargé de distribuer les cartes, et que nous appellerons le *donneur*, s'assure d'abord que toutes sont bien contenues dans le jeu; puis il les mêle avec soin, en s'interdisant à lui-même la possibilité de les voir autrement que par derrière; il fait alors *couper* par son voisin de gauche, qui divise le jeu en deux parties. Celle qui était dessus doit alors être mise en dessous, et les cartes sont distribuées à chacun. On doit toujours les tenir de manière à ce que, pendant la distribution, elles ne soient pas vues. Quand, par accident, une d'elles se retourne, il appartient aux joueurs de décider si la *donne* doit être recommencée, ou si la carte doit être *brûlée*, c'est-à-dire mise sous le talon.

On appelle *talon* les cartes restant après la distribution.

Il est important d'arranger ses cartes par ordre de valeur et par ordre de couleur; la négligence de cette précaution expose à des fautes graves.

On place devant soi les levées que l'on fait, et il est permis de consulter la dernière pour se rendre compte des cartes qui ont été jetées.

RÈGLES PARTICULIÈRES A CHAQUE JEU.

LE WHIST.

De tous les jeux de cartes, le *whist*, inventé par les Anglais, est celui qui se joue le plus dans les salons depuis quelques années. On doit convenir, du reste, que c'est un des jeux les plus attrayants, les plus beaux qui existent, celui de tous qui, malgré la simplicité de sa marche, exige le plus d'attention, de mémoire, et est le plus fait pour exercer l'esprit de combinaison des joueurs.

Je ne saurais mieux faire, je crois, que d'emprunter les règles de ce jeu au traité contenu dans l'*Almanach des jeux*, de M. Van-Tenac ; ce traité a été revu par le célèbre Deschapelles.

Le whist est un jeu que les Anglais sont fiers d'avoir inventé. La marche en est peu compliquée.

Le mot *whist* est une interjection qui signifie : *silence!*

Il existe un grand nombre d'ouvrages plus ou moins savants sur le whist. Le présent traité, qui a été revu par le célèbre Deschapelles, résume la théorie du jeu et les règles le plus généralement admises.

WHIST EN DIX POINTS.

Il n'est pas permis de parler pendant la partie.

Le whist se joue à *quatre* personnes, et avec deux jeux composés chacun de cinquante-deux cartes.

Cependant, pour qu'une table de whist soit au complet, il faut *six* personnes. Le sort en désigne quatre pour le robre actuel, et deux qui rentrent au robre suivant. S'il survient d'autres personnes, elles prennent rang comme remplaçants.

On tire pour connaître les partenaires : les deux plus basses cartes sont ensemble contre les deux plus hautes : l'as, quoique la plus forte carte du jeu, est considérée dans ce tirage comme la plus basse.

S'il a été tiré deux cartes de même valeur, on en retire deux autres ; mais la plus basse carte du premier tirage conserve à son possesseur le droit de la donne, du choix des cartes et de la place à table, lors même que des cartes plus basses sortiraient la deuxième fois.

Les partenaires se placent vis-à-vis l'un de l'autre.

Chacun a quatre jetons pour marquer ses points, et l'on met quatre fiches sous un flambeau pour *payer* à la fin de chaque partie.

La partie se joue en *dix* points. Chaque levée ou trick au-dessus de six compte un point. Trois honneurs comptent deux points ; les quatre honneurs comptent quatre points.

Les honneurs ne comptent qu'après les levées, excepté au point de huit, quand on chante.

Lorsqu'on est à neuf, les honneurs ne comptent pas ; on ne peut gagner que par tricks.

Le chelem se paie dix fiches en dehors, c'est-à-dire sans rien changer aux points précédemment marqués.

Un point marqué empêche la perte triple, cinq points marqués empêchent la perte double.

Chaque joueur doit marquer distinctement et devant lui.

Les fiches doivent être placées de même très-visiblement devant un des deux partenaires qui ont gagné une partie.

Lorsque les joueurs qui perdent le robre ont cependant gagné une partie, on déduit les fiches qu'ils ont devant eux du nombre total des fiches à payer.

Chaque joueur a le droit de battre les cartes; mais celui qui donne peut, s'il le veut, les battre le dernier.

On donne à couper à droite; moins de quatre cartes coupées, en dessus ou en dessous, rendent la coupe mauvaise.

Si un jeu de cartes est faux, le coup où l'on s'en aperçoit est nul; les précédents sont bons.

Le partenaire de celui qui va donner doit relever les cartes de celui qui vient de donner et les placer à sa droite, afin qu'elles se trouvent à la main du joueur qui devra donner le coup suivant.

Les cartes sont distribuées une à une et de gauche à droite.

Le joueur à la gauche du donneur joue le premier, et ensuite celui qui gagne chaque levée.

Tous les joueurs ont le droit, dans le courant d'un coup, de regarder la dernière main après qu'elle est relevée.

Chacun doit mettre sa carte devant soi en la jouant, et si elle se trouve confondue avec celles des autres joueurs, on est en droit d'exiger que chacun replace devant soi la carte à jouer.

On est tenu de fournir de la couleur demandée, sans être obligé de forcer; quand on n'en a pas, on se débarrasse d'une carte inutile ou nuisible.

Tout joueur qui jette ses cartes sur table donne à ses adversaires le droit d'appeler chaque carte de son jeu.

Toute marque d'approbation ou d'improbation sur la manière de jouer de son partenaire est punie de la perte d'un point.

DE LA DONNE.

Le joueur qui distribue les cartes n'a point le droit d'en toucher plusieurs sur la table, ni de compter celles qui restent dans les mains, pour rectifier les erreurs de donne qu'il a pu commettre.

Il peut cependant retirer une carte d'un seul paquet sur lequel il en aurait jeté deux; mais si, après l'erreur commise, il continue à donner à la personne qui suit, la donne est manquée.

Le joueur qui regarde ou montre la dernière carte avant de l'avoir retournée perd sa donne.

Personne ne doit regarder ni relever ses cartes pendant qu'on les distribue.

Quand on retourne une carte par sa faute, les adversaires ont le droit, avant que l'atout ne soit connu, d'exiger une nouvelle donne.

Si l'on donne avant son tour, et qu'on ne s'en aperçoive qu'après la retourne vue, la donne est bonne et continue dans le nouvel ordre.

Le joueur qui donne doit laisser la carte de retourne sur la table jusqu'à ce que ce soit à son tour de jouer.

Plus tard, on n'a plus le droit de demander quelle elle est, mais seulement sa couleur.

Si la carte de retourne se trouve encore sur la table lorsque le deuxième trick est relevé, elle peut être appelée par les adversaires.

S'il arrive qu'un des joueurs joue avec douze cartes, son partenaire ne pourra faire la dernière levée: mais si un autre joueur a quatorze cartes, le coup est nul, et la donne est perdue.

Toutes les cartes étant distribuées, chacun réunit ses couleurs pour étudier son jeu avec plus de facilité.

Si un joueur oublie de fournir une carte sur une levée, et reste ainsi avec une carte de plus que les autres, les adversaires ont le droit de maintenir le coup ou d'exiger une nouvelle donne et de prendre la main.

DU TOUR A JOUER.

Si quelqu'un joue hors de son tour, les adversaires ont le choix d'appeler sa carte à volonté ou de demander la couleur qu'ils préfèrent du partenaire qui aurait dû jouer.

Si le troisième joueur joue avant le second, le quatrième joueur peut jouer avant son partenaire.

Si le quatrième joueur joue avant le second, on peut forcer celui-là à prendre ou à ne pas prendre.

Lorsque les quatre cartes sont sur la table, aucune erreur sur une carte jouée hors de tour ne peut être rectifiée.

Si quelqu'un, supposant qu'il a gagné le trick, joue de nouveau avant que son partenaire ait jeté sa carte, les adversaires peuvent obliger ce dernier à mettre sa plus haute ou sa plus basse carte de la couleur, ou, à défaut, exiger qu'il coupe, ou encore l'empêcher de couper.

Lorsqu'un joueur tire et sépare complètement une carte du reste de son jeu, les adversaires, sans être obligés de la nommer, peuvent exiger qu'il la joue sur le coup; mais une fois la carte rentrée dans le jeu, ils n'ont plus de droit sur elle.

Si quelqu'un jette plusieurs cartes sur une même levée, les adversaires ont le droit de faire mettre celle qui leur convient, sans avoir égard à l'ordre de sortie.

DE LA RENONCE.

Chaque renonce est punie par la perte de trois points.

Une renonce n'est pas faite tant que la levée n'a pas été tournée et quittée; mais les adversaires peuvent, sur le moment, demander la plus haute ou la plus basse carte de la couleur, ou encore faire étaler la carte jouée afin de l'appeler.

Le partenaire de celui qui ne fournit pas de la couleur jouée a le droit d'empêcher les adversaires de ramasser la levée, afin de demander à son partenaire de vérifier s'il ne fait pas une renonce.

Il y a trois manières d'infliger la punition pour la renonce, punition qui se marque avant tout autre point.

Les adversaires peuvent prendre trois tricks ou levées au côté qui renonce et les ajouter aux leurs, ou bien ils peuvent effacer trois points de sa marque, ou enfin ils peuvent ajouter trois points à la leur; et si le côté qui a renoncé se trouve avoir encore assez de points pour gagner, il doit rester à neuf. Il ne peut non plus compter le chelem, lors même qu'il le ferait.

Quand un joueur s'aperçoit, sur une levée, qu'un des adversaires fait une renonce, il peut, s'il le trouve avantageux, exiger qu'il soit fourni de la couleur demandée, et la carte jouée à tort reste étalée pour être appelée.

Quand, malgré cette commande, la renonce a lieu, ceux qui font cette renonce perdent le chelem s'ils n'ont pas fait de levée antérieurement à la renonce; ou s'ils en ont fait, ils perdent la partie triple, quel que soit, d'ailleurs, l'état de leur marque.

DU POINT DE HUIT.

Si un des joueurs chante après avoir joué, ou s'il est à un autre point que huit, les adversaires, après s'être consultés, peuvent demander une nouvelle donne, ou bien appeler les honneurs annoncés.

Si les adversaires font redonner, ils conservent ou acquièrent la donne.

Quiconque appelle avec un seul honneur perd la

donne; et si les honneurs sont dans le jeu des adversaires, ceux-ci peuvent maintenir le coup et compter leurs honneurs avant les tricks.

Si un joueur n'a pas répondu à son partenaire, bien qu'il ait un honneur ou plus, il ne peut faire le chelem.

Les partenaires qui marquent les honneurs, sans sans les avoir perdent deux points.

Si chaque parti a deux honneurs, personne n'en compte. On ne peut plus compter les honneurs du coup précédent, quand la retourne du coup suivant est connue.

VARIÉTÉS DU JEU DE WHIST.

Le Whist en cinq points.—Le whist en cinq points ne diffère du whist en dix points que parce qu'il se joue en cinq au lieu de se jouer en dix. Les règles et la manière de jouer sont les mêmes; cependant on n'y chante pas. Arrivé au point de quatre, on ne peut gagner par les honneurs; mais le parti adversaire, s'il en a trois, gagne par deux honneurs. Trois honneurs valent deux points; quatre honneurs en valent quatre. A cette partie, le hasard joue un plus grand rôle qu'au whist en dix points.

Whist aux tricks doubles.—Les règles et la manière de jouer le whist aux tricks doubles sont les mêmes qu'aux autres whists; toutefois, chaque levée ou trick au-dessus de six compte deux points; deux points marqués empêchent la partie triple; six points empêchent la partie double, une renonce fait perdre six points. Il n'y a pas de chelem.

Whist avec un ou deux morts.—Le whist avec un mort se joue à trois, le quatrième jeu est abattu à découvert sur la table.

Le whist à trois se joue, soit en cinq points, soit aux tricks doubles.

Il n'y a pas de chelem.

On peut aussi faire le whist entre deux personnes, en établissant deux morts. On conçoit qu'alors ce n'est plus sur des probabilités que l'on joue, puisque trois jeux étant sous les yeux de chacun, le quatrième est facile à connaître, et il n'y a plus rien à deviner; aussi cette espèce de whist perd-elle tout l'intérêt des autres.

Du reste les règles à trois personnes et à deux sont les mêmes qu'aux autres whists.

Le humbug se joue à deux personnes; les deux joueurs se placent vis-à-vis l'un de l'autre; les cartes sont distribuées en quatre paquets de treize chacun. Avant de jouer, chaque adversaire examine son jeu; s'il en est content, il le conserve, sinon il a le droit de l'échanger avec le jeu qui se trouve à sa droite; mais cet échange est définitif, et celui qui l'a fait n'a même pas le droit de regarder le jeu qu'il a quitté. Le joueur qui a donné perd la retourne en changeant de jeu.

Quatre honneurs comptent quatre points; trois honneurs comptent trois points; deux honneurs comptent deux points, si votre adversaire n'en a qu'un ou n'en a point; mais s'il en a deux, ils s'annulent et ne comptent ni dans un jeu ni dans l'autre.

Quand un joueur se contente de son jeu, il n'a pas le droit de voir le jeu de droite.

Les règles et la manière de jouer sont, du reste, les mêmes que pour les autres whists.

Whist prussien. — Le seule différence qui existe entre le whist prussien et les whists dont nous avons déjà parlé, c'est qu'au lieu de retourner la dernière carte du jeu, on prend une des cartes de l'autre qui indique l'atout.

Whist avec la favorite. — Au commencement de

la partie ou du robre, on prend au hasard une couleur favorite, et chaque fois que cette couleur est atout, tout se paie double dans le courant de la partie ou du robre.

On appelle *enfilade*, ou partie à suivre, la convention d'ajouter à la partie suivante les points de celle qu'on vient de finir.

Whist russe. — On joue aussi dans quelques salons le wisth russe, jeu d'importation récente ; il se joue et se marque comme l'*enfilade*. De plus, le grand chelem s'y paie trente-deux fiches, le petit chelem, ou coup de douze levées, seize fiches qui sont partagées entre les deux partenaires du parti gagnant. On y paie aussi les couronnes, c'est-à-dire les groupes annoncés avant que la première partie soit jouée. La couronne de quinte-majeure d'atout est payée vingt-quatre fiches à celui qui l'a, moins huit par chacun des trois autres joueurs; la couronne d'as douze fiches; la couronne de cartes blanches, douze fiches; celle-ci n'est payée que par les deux joueurs du parti adverse. Enfin ce jeu comporte cinq honneurs, les quatre ordinaires, plus le dix ; cinq honneurs valent huit points; quatre honneurs en valent six ; trois honneurs se marquent quatre.

DICTIONNAIRE DES TERMES USITÉS AU WHIST.

J'ai pensé qu'il serait utile de terminer ce Traité par une petite nomenclature des expressions employées par les joueurs de whist.

Appeler ou *chanter* : Lorsqu'au whist en dix points, un des partis est à huit, et que l'un des partenaires a deux honneurs dans la main, il a le droit de le faire connaître en disant : *J'appelle* ou *je chante.* Si son partenaire peut montrer un autre honneur, il gagne la partie sans jouer le coup.

Appeler se dit aussi du droit qu'ont deux partenaires de faire jouer à leurs adversaires une carte que ceux-ci ont montrée.

Atouts : Cartes de la couleur indiquée par la retourne. *Faire un atout* veut dire gagner une levée; *couper*, c'est jeter un atout sur une autre couleur dont on n'a aucune carte.

Chelem : Faire le chelem signifie faire les treize levées.

Carte-roi : La plus haute carte restante d'une couleur.

Consolation : On appelle ainsi les fiches qu'on est convenu de payer en sus des parties gagnées pour gain du robre.

Couleur : On dit les quatre couleurs, par allusion aux cœurs, piques, trèfles, carreaux, quoique les cartes ne soient réellement que de deux couleurs.

Défausser : Jeter une carte autre que celle de l'atout sur une couleur qu'on n'a pas.

Double : Gagner la partie avant que les adversaires aient marqué *cinq* au whist en dix points, *trois* au whist en cinq points, *six* au whist aux tricks doubles.

Dumby (le mort) : Quand on joue le whist à trois personnes, la quatrième main vacante prend le nom de *mort*, et se joue à découvert sur la table.

Forcer : C'est jouer la couleur dont le partenaire ou l'adversaire n'a pas, afin de l'obliger de mettre un atout pour gagner la levée.

Honneurs : On appelle ainsi l'*as*, le *roi*, la *dame* et le *valet* d'atout.

Impasse : Faire impasse, c'est ne pas jeter la carte maîtresse de la couleur qui est jouée.

Invite : C'est jouer une petite carte de sa couleur la plus forte en nombre ou en qualité, pour inviter son partenaire à y mettre une carte gagnante, tâcher de prendre la levée et renvoyer de la même couleur.

Main (avoir la) : c'est donner; *être en main*, c'est commencer à jouer.

Marque : Le nombre de points marqués.

Il faut quatre jetons à chaque joueur pour marquer les neuf premiers points. On dispose les jetons devant soi de la manière suivante :

1	2	3	4	5	6	7	8	9
•	••	•••	••••	•	•	••	•••	•
				••	•••	•	•	•

Une autre marque qui sert à figurer les manches du robre, consiste à prendre 1 ou 2, ou 3 des quatre fiches qu'on a dû mettre au flambeau.

Le parti qui gagne la première manche prend une fiche, si les adversaires ont six ou 8 à la marque; — 2 fiches, si les adversaires ont 4 ou 2; — 3 fiches, si les adversaires n'ont rien à la marque.

Navette : C'est la manière de jouer de deux partenaires qui, ayant chacun une renonce, jouent chacun la couleur dont l'autre n'a pas, et emploient ainsi leurs atouts séparément à couper.

Points : Ce que l'on gagne par les levées ou les honneurs. Dix points constituent la partie : elle est *triple* lorsqu'un des joueurs est à dix points avant que les adversaires n'en aient aucun; *double*, quand ils n'en ont que cinq ; et enfin *simple* quand ils en ont cinq et au-dessus. Quatre honneurs comptent quatre points; trois honneurs deux points.

Renonce : C'est ne pas fournir de la couleur demandée, soit qu'on en ait ou qu'on n'en ait pas. Dans le premier cas, la renonce est punie.

Rentrée : La main ou le privilége de jouer le premier.

Robre : Le robre se compose de trois parties; il en faut gagner deux pour gagner le robre.

Séquence s'entend de plusieurs cartes qui se

suivent, comme *as*, *roi*, *dame*, *valet*, *huit*, *neuf*, *dix*.

Singleton : Carte unique d'une couleur quelconque.

Tour : C'est lorsque les joueurs ont joué chacun une fois; en sorte que treize tours font le coup.

Trick (levée) : Se compose des quatre cartes fournies par les joueurs. La septième levée, ou l'*old-trick*, compte un point.

LE PIQUET.

Le piquet a été inventé sous le règne de Charles VII, à l'occasion d'un ballet que fit exécuter ce prince dans le château de Chinon. Tous les personnages représentaient des cartes : les quatre valets s'avancèrent les premiers, comme pour faire faire place aux grands personnages qu'ils précédaient; venaient ensuite les rois donnant la main aux dames. Tous, en dansant, formèrent successivement des tierces, des quatorzes; puis les couleurs se séparèrent et se confondirent à plusieurs reprises.

Le ballet du piquet, revu et augmenté, servit d'intermède au *Triomphe des Dames*, comédie de Thomas Corneille, jouée sur le théâtre de l'hôtel Guénégaud, à Paris. Aux quatre valets, qui ouvraient la marche, on avait ajouté quatre esclaves, dont chacun portait la queue de la robe de l'une des dames. Ces esclaves représentaient : le premier, le jeu de paume; le second, le billard; le troisième, les dés; le quatrième, le trictrac.

Toutefois la composition du jeu de cartes dont on se sert au piquet, est toujours la même depuis son origine, et les règles du jeu ont peu varié.

IDÉE GÉNÉRALE DU PIQUET.

On joue à deux.

Le jeu est composé de trente-deux cartes, huit dans chaque couleur, que nous plaçons ici selon leur valeur ou leur rang : as, roi, dame, valet, dix, neuf, huit, sept.

Il est d'usage d'avoir deux jeux de cartes, dont on se sert alternativement.

L'as compte pour onze, les figures chacune pour dix, et les autres cartes valent les points qu'elles marquent. L'as est en conséquence la plus forte carte du jeu.

La partie se fait en cent points ou plus, à la volonté des joueurs.

On coupe les cartes pour décider de la donne, qui est désavantageuse ; on évalue ce désavantage à dix points au moins. Après le premier coup, chaque joueur donne les cartes à son tour.

Celui qui doit donner, mêle les cartes et les fait couper par son adversaire.

Les cartes se distribuent par deux ou par trois, jusqu'à ce que chaque joueur en ait douze. La même manière de donner doit être suivie pendant toute la partie.

Quand les cartes sont distribuées, il en reste huit au talon que l'on place sur le tapis, en deux paquets posés en travers l'un sur l'autre : le paquet supérieur est composé de cinq cartes ; l'inférieur de trois cartes qui restent.

Quand un jeu de cartes est reconnu faux, le coup est annulé ; mais s'il y a eu d'autres coups de joués avec ce même jeu, les points faits sont maintenus.

Lorsqu'en donnant on trouve une carte retournée, il faut rebattre les cartes.

Si, dans le cours de la partie, un joueur s'aperçoit qu'il donne les cartes pour la deuxième fois, il a le droit, pourvu qu'il n'ait pas encore vu ses cartes, de faire refaire quand bien même l'adversaire aurait déjà vu son jeu.

Les deux joueurs arrangent leurs cartes de manière à rassembler les couleurs.

Le premier en cartes a le droit de prendre au talon cinq cartes en échange de cinq autres qu'il met à l'écart; le dernier en cartes n'en prend que trois, à moins que le premier n'ait jugé à propos d'en prendre moins de cinq.

Chacun des joueurs est obligé d'écarter au moins une carte; il peut refuser les autres; le second peut prendre toutes les cartes qui restent au talon, en commençant par celles qu'a laissées le premier.

Si le premier en cartes ne prend pas les cinq cartes qui lui appartiennent au talon, il doit déclarer, avant d'en lever une seule, combien il en laisse.

Le premier peut regarder les cartes qu'il laisse au talon, mais il n'a pas le droit de voir celles que laisse le second, à moins que, pour les voir, il ne déclare dans quelle couleur il va jouer. S'il ne jouait pas ensuite dans la couleur annoncée, le second aurait le droit de désigner lui-même la couleur qui lui conviendrait.

Avant d'écarter, le joueur qui, dans son jeu, n'aurait pas une figure, marquerait dix points pour *cartes blanches*.

Si celui qui donne les cartes en a distribué treize au lieu de douze, ou si, au lieu de douze, il s'en est donné treize, le joueur qui est le premier peut, ou maintenir la donne, ou faire refaire, à son choix.

Comme il ne peut y avoir que sept cartes au talon, si le premier maintient la donne, ayant reçu treize cartes, il en écarte cinq et ne prend que les quatre premières ; s'il n'en voulait prendre qu'une seule, il en écarterait deux, et ainsi du reste.

Si c'est le dernier qui a treize cartes, il en écarte trois et n'en prend que deux.

On ne peut écarter deux fois, ni reprendre des cartes de son écart; on ne peut non plus regarder les cartes du talon.

Quand on écarte moins de cartes qu'on n'en doit prendre, on peut compléter son écart, pourvu qu'on n'ait pas encore touché au talon. Dans le cas contraire, on ne pourrait en écarter de nouvelles.

Si, en levant les cartes du talon, on en prenait une de trop, on en serait quitte pour remettre la dernière; mais pour éviter cet inconvénient, on place, comme nous l'avons dit, les cinq premières cartes du talon en croix sur les trois dernières.

Quand un des joueurs a en main plus de cartes qu'il ne doit en avoir, il joue à la *muette*, c'est-à-dire qu'il ne compte rien du tout, et l'adversaire compte tout son jeu, lors même qu'il serait bien inférieur.

Mais on compte tout son jeu quand on joue avec une carte de moins; dans ce cas on ne peut faire son adversaire *capot,* parce qu'il compte deux points de sa dernière carte.

Quand un joueur pouvait avoir *quatorze* et qu'il a écarté une des cartes qui pouvaient faire ce point, si ce joueur compte les trois cartes qu'il a conservées et qu'elles soient bonnes, l'adversaire a le droit de savoir quelle est la carte mise à l'écart, pourvu qu'il en fasse la demande aussitôt que la première carte a été jouée.

Les *cartes blanches* doivent se compter avant tout; elles valent dix points. On compte ensuite le point, puis les huitièmes ou dix-huitièmes, les septièmes ou dix-septièmes, les seizièmes, les quintes, les quatrièmes, les tierces, les quatorze d'as, de rois, de dames, de valets et de dix, puis enfin les dix points de cartes ou les quarante de capot.

Quand les cartes sont arrangées par couleurs, la première chose à faire c'est de voir si l'on a *cartes blanches*, c'est-à-dire si l'on n'a aucune figure dans son jeu. Dans ce cas, aussitôt que l'adversaire a fait son écart, on étale son jeu et l'on compte dix, qui passent avant le point même et peuvent servir soit à faire le pic et le repic, soit à les parer et à empêcher le quatre-vingt-dix.

Le but de l'écart est de former son jeu de manière à gagner les cartes et à se donner le point, en réunissant plus de cartes d'une même couleur que l'adversaire, ou bien des cartes plus élevées et qui comptent davantage.

Si vous avec quatorze d'as, votre adversaire ne peut compter un quatorze de rois, et vous pouvez dans ce cas compter un quatorze de dix : votre quatorze étant plus fort, annule le sien et vous donne droit non-seulement d'en compter un plus faible, mais même de compter trois dames ou trois valets, etc. Au-dessous du dix, il n'y a plus de quatorze.

Trois as valent mieux que trois rois; celui qui a les trois as pourra donc compter trois valets ou trois dix, quand même l'adversaire aurait trois dames ou trois valets ; mais quatre valets ou quatre dix valent mieux que trois as, etc.

On suit la même règle en comptant les huitièmes, septièmes, sixièmes, quintes, quatrièmes et tierces : une sixième, par exemple, donne droit de compter la plus basse tierce, lors même que l'adversaire aurait une quinte dans son jeu.

DE LA MANIÈRE DE JOUER.

Les écarts étant faits, le premier en cartes déclare son point et demande s'il est bon. Si l'adversaire a un point plus faible, il dit qu'*il est bon;* s'il en a autant, il dit qu'*il est égal;* et s'il en a plus, il dit qu'*il ne vaut pas :* car quiconque a le point, premier ou dernier en cartes, le compte d'abord; mais si les points sont égaux, personne ne les peut compter. Il en est de même quand les deux joueurs ont des tierces, des quatrièmes, des quintes, etc., qui sont égales; celui qui aurait une tierce ne pourrait la compter, si son adversaire avait une quatrième ou une quinte.

Après que le premier en cartes a compté son point, il doit examiner s'il a des tierces, des quatrièmes, des quintes, etc., puis s'il a un quatorze, ou trois as, trois rois, etc., afin de les compter, si l'adversaire n'a pas des cartes meilleures.

Le point, les tierces, les quatrièmes, les quintes, etc., doivent se montrer sur table, afin qu'on puisse en reconnaître la valeur; mais on n'est point obligé de montrer les quatorze, les trois as, trois rois, trois dames, valets ou dix.

Après avoir examiné ses cartes et vu s'il y a encore quelque chose de valeur dans son jeu, le premier commence à compter d'abord le point, ensuite les séquences, enfin les quatorze, ou trois as, trois rois, etc., puis il joue ses cartes, comptant une à chaque fois qu'il joue le premier ou qu'il fait la levée.

Ce n'est qu'après que le premier a joué la première carte que le dernier doit commencer à compter son jeu, et s'il a annoncé avoir le point, le montrer; puis il montre ses séquences, annonce ses trois as, ou trois rois, ou ses quatorze, s'il en a, compte son jeu, et enfin joue sur la carte du premier, et l'enlève s'il le peut; en ce cas, il compte une pour la levée, une encore en jouant une seconde carte, et il continue de compter une chaque fois qu'il joue le premier ou qu'il prend.

Celui qui a pris peut continuer à jouer de telle

couleur et telle carte qu'il lui plaira, seulement, il doit annoncer la couleur qu'il joue.

Quand une carte est sur le tapis, elle est réputée jouée, on ne peut plus la reprendre.

Si par erreur on répondait à la carte demandée par une carte d'une autre couleur, on pourrait, dans ce cas, reprendre la carte jouée pour fournir de la couleur demandée; car il n'y a point de renonce au piquet. Si l'on a des cartes de la couleur jouée, on ne peut renoncer, il faut fournir; c'est dans ce cas seulement qu'on peut reprendre la carte qu'on a jetée sur le tapis; aussi le premier qui joue ne peut-il reprendre la sienne.

Quand le donneur a, par mégarde ou autrement, tourné ou vu quelque carte du talon, il doit jouer de la couleur que veut son adversaire, autant de fois qu'il y a de cartes vues, et jusqu'à trois fois s'il avait vu ses trois cartes.

Si le premier a vu les cartes que doit prendre le dernier, celui-ci peut, après avoir vu son jeu, jouer le coup ou refaire.

Si le dernier s'aperçoit, avant d'avoir joué, que le point accusé par son adversaire n'est pas bon, il peut compter le sien et effacer celui du premier, bien que ce même premier ait commencé à jouer.

Il en est de même pour les séquences, les quatorze, etc.

Quand un joueur accuse ce qu'il n'a pas, s'il ne rectifie l'erreur avant d'avoir joué, il ne peut rien compter du coup et joue à la *muette*, c'est-à-dire qu'il peut faire des levées, mais sans les compter; l'adversaire compte alors seul ses points et ses levées.

On doit remarquer qu'une levée peut compter deux points, un pour chaque joueur; le premier joueur dit *un* en jetant sa carte; si le second joue dessus une carte qui prime celle du premier, il prend la levée et dit *un*, et il continue de jouer en disant deux par une autre carte.

Mais avant d'aller plus loin, il est nécessaire de connaître quelles sont les chances à redouter ou à espérer à ce jeu.

Il y a au piquet trois sortes de hasards : *repic*, *pic* et *capot* qui tous peuvent se faire dans un même coup. Par exemple, supposons qu'un joueur ait quatre tierces majeures, que son point soit bon et qu'il soit premier en cartes : il compte donc quatre pour le point, douze de ses quatre tierces, quatorze de ses quatre as, quatorze de ses quatre rois, quatorze de ses quatre dames, soixante qu'il compte pour le *repic*, treize qu'il prend en jouant les cartes, et quarante pour le *capot*, ce qui tout ensemble fait cent soixante-et-onze. Ce coup n'est peut-être jamais arrivé, mais il faut dire pourtant qu'il serait bon s'il se présentait.

Pour faire *pic*, c'est-à-dire pour compter 60 au lieu de 30, il faut être premier en cartes ; car si votre adversaire compte *un*, — et il le compte s'il joue le premier, ou s'il fait une levée avant que vous n'ayez compté vingt-neuf, — vous ne pouvez plus compter *soixante*.

Celui qui, ayant le *pic*, aurait compté trente au lieu de *soixante*, pourrait revenir sur cette erreur jusqu'au moment de couper les cartes pour le coup suivant ; mais après que les cartes auraient été données, il ne serait plus temps de réparer la faute.

Quand on fait *capot*, c'est-à-dire toutes les levées, la dernière ne compte que pour *un point*, mais on marque *quarante de capot*.

On ne peut non plus compter dix pour les cartes, lorsque l'on compte les *quarante de capot*, mais on peut avec le *capot* compter tous les autres points.

On remarquera que pour faire le *pic*, il faut être premier en cartes, tandis que le *repic* se peut faire indifféremment par le premier ou le second joueur.

Pour la manière de compter les *tierces*, il y a un cas d'exception unique : à savoir, qu'une *tierce majeure* qui compte comme point, doit se compter *quatre*.

Un bon joueur se distingue à sa manière de jouer, et l'on ne peut bien jouer que si l'on connaît la force du jeu de son adversaire, soit par les cartes que l'on a, soit par celles qu'il montre.

Il n'y point de triomphe ou d'atout au piquet ; ce sont les meilleures cartes de la couleur jouée qui font les levées ; mais un sept peut l'emporter sur l'as ou sur le roi, si l'as ou le roi ne sont pas de la couleur demandée.

Dans le cas où le premier n'a ni le point ni séquences, ni quatorze, ni trois as, rois, dames, valets ou dix, il commence par jouer la carte qu'il juge la meilleure, en comptant un, il continue à jouer tant que son adversaire n'emporte pas la levée.

Celui qui prend la dernière levée compte deux ; ensuite chacun des joueurs additionne ses levées, et celui qui en a le plus compte les cartes, c'est-à-dire dix ; si les cartes sont égales, on ne les compte pas.

Aussitôt que le coup est fini, chacun doit marquer les points qu'il a faits, et l'on recommence, jusqu'à ce que la partie soit terminée. A chaque coup, on mêle de nouveau les cartes, on les coupe, puis on les distribue de la même manière que pour le premier coup.

Chacun des joueurs donne les cartes à son tour et devient ensuite premier en cartes, à moins que la partie n'ait été terminée d'un seul coup.

Quand une autre partie commence, on coupe de nouveau les cartes pour savoir qui sera premier, à moins qu'il n'ait été convenu à l'avance que la *donne* s'alternera, ou que le *perdant* aura la main.

Je laisse de côté les autres variétés du piquet, le piquet à trois, à quatre, le *piquet voleur*, le *piquet à écrire*, qui se jouent aujourd'hui fort rarement.

L'ÉCARTÉ.

RÈGLES DU JEU.

L'écarté se joue en cinq points qui se marquent au moyen de quatre jetons, ou d'un *cadran-marque*.

Pour jouer à l'écarté, il faut un jeu de trente-deux cartes, dont la valeur suit la progression décroissante ci-après : le roi, la dame, le valet, l'as, le dix, le neuf, le huit et le sept de chaque couleur.

On a ordinairement deux jeux de cartes tarotés de couleurs différentes, afin d'alterner d'une donne à l'autre.

Le joueur qui a perdu a le droit de changer le jeu de cartes dont il s'est servi contre celui du gagnant.

Le joueur qui rentre à la partie a le droit de choisir le jeu dont il veut se servir.

A chaque partie, quand l'enjeu est considérable, on peut prendre de nouveaux jeux de cartes.

Pour savoir qui donnera les cartes, chacun des deux joueurs coupe le jeu en découvrant la dernière carte de la coupe.

Celui qui ne découvre pas sa carte, est censé avoir coupé la plus basse.

Si, en coupant, on découvre deux cartes, la plus haute est considérée comme non avenue.

Si celui qui coupe laisse tomber du jeu une carte à découvert, cette carte est censée bien tirée.

Si dans le jeu il se trouve des cartes retournées et qu'on ne s'en aperçoive qu'après la coupe, les cartes sont bien tirées.

Celui qui, en coupant, amène une carte déjà retournée dans le jeu, doit recommencer.

Celui qui amène la carte supérieure a *la main,* c'est-à-dire qu'il donne les cartes.

Si, quand la main a été tirée, on reconnaît que le jeu de cartes est faux, c'est-à-dire qu'il a une ou plusieurs cartes en moins, ou une ou plusieurs cartes doubles, on prend un autre jeu; mais la main est bien tirée.

Chaque joueur donne à son tour, la main changeant à chaque coup.

En *partie liée,* la main suit de la même façon, jusqu'à la fin du nombre des parties convenues.

Une partie liée se compose de deux ou trois parties. Il faut en gagner deux pour gagner la partie.

Celui qui a la main mêle le jeu et fait couper à son adversaire.

Celui-ci a le droit de mêler à son tour, et le joueur qui donne, de mêler une seconde fois. La coupe doit être faite d'un seul coup, autrement l'adversaire a la faculté de la trouver bonne, ou de faire mêler, ou de faire couper de nouveau.

La coupe faite, soit avec la première, soit avec la dernière carte du jeu, n'est pas bonne.

Pour que la coupe soit bonne, il faut laisser au moins quatre cartes en dessus ou en dessous.

Si celui qui doit jouer le premier, après avoir déjà mêlé les cartes, les mêle une seconde fois au lieu de couper, son adversaire a le droit de refaire avec un autre jeu.

Celui qui a la main donne dix cartes, cinq à l'un, cinq à l'autre. Il les distribue une à une, ou par trois et deux, ou enfin par deux et trois, à sa volonté, en commençant par son adversaire.

Il retourne la onzième, et place à sa droite le restant des cartes, qui s'appelle le *talon*.

La carte qui est retournée sert à indiquer la couleur de l'*atout*.

Tant que dure la partie, chaque joueur est obligé de donner les cartes de la même manière : une à une, s'il a commencé une à une; par trois et deux, s'il a commencé par trois et deux, etc.

Cependant, le donneur peut changer le mode de distribution des cartes, pourvu qu'il en prévienne son adversaire avant que celui-ci ait coupé. A défaut de cet avertissement, le joueur qui est premier peut exiger ou que la donne continue uniformément, ou que le coup soit recommencé.

Si, après la distribution de quelques cartes, le premier à jouer s'aperçoit qu'elles n'ont pas été données suivant la règle indiquée ci-dessus, il a le droit de s'y tenir ou de faire recommencer le coup, tant que la retourne n'a pas été vue.

Si, à la première donne, il y a une ou plusieurs cartes retournées dans le jeu, et si l'on s'en aperçoit avant d'avoir vu son jeu, le coup est nul; le joueur qui donnait recommence la distribution.

Si la carte retournée est la onzième, le coup est bon, car cette carte ne peut apporter aucun changement à la partie.

Si l'on ne s'aperçoit qu'après *écart* qu'il y a des cartes retournées dans le jeu, et que ces cartes reviennent à celui qui donne, le coup est bon.

Si, au contraire, une seule carte retournée revient à celui qui reçoit les cartes, il peut maintenir le coup ou l'annuler.

Quand, en donnant d'emblée ou sur écart, on a retourné une ou plusieurs cartes de son jeu, le coup est bon, bien que l'adversaire s'en soit aperçu.

Celui-ci, au contraire, a la faculté de tenir le coup

pour bon ou de l'annuler, si les cartes retournées appartiennent à son jeu.

Quand un joueur donne à la place de son adversaire, et que l'on s'en aperçoit avant d'avoir retourné, le coup est recommencé.

Si l'on s'en aperçoit après que la retourne est connue et avant d'avoir joué ou *écarté*, le jeu, tel qu'il est, est mis en réserve pour le coup suivant, et l'on prend l'autre jeu pour jouer le coup.

Si l'on ne s'en aperçoit qu'après avoir joué ou écarté, le coup est bon.

Quand celui qui reçoit des cartes s'aperçoit qu'il n'en a pas cinq, et ce, avant que le donneur n'ait montré la retourne, on rectifie l'erreur en rétablissant, s'il est possible, l'ordre de distribution qui devait être suivi.

Si la retourne a été faite, le premier à jouer peut, à son choix, prendre la première ou les deux premières cartes du talon, ou annuler le coup et s'emparer de la main, à moins qu'il n'y ait de sa faute. Dans ce cas, il perdrait un point et ne pourrait marquer le roi.

On perd également un point et le droit de compter le roi, si après écart on joue avec plus de cinq cartes.

Quand les cartes ont été vues de deux joueurs, si le donneur a pris des cartes de moins, son adversaire peut, à son choix, lui laisser prendre la première ou les deux premières du talon, ou annuler le coup en s'emparant de la main.

Il s'emparera également de la main, si celui qui donne a pris une carte de plus, ou bien il tirera au hasard une carte de son jeu.

Si c'est le premier à jouer qui a une ou deux cartes de moins, il peut, à son choix, prendre la première ou les deux premières cartes du talon, ou recommencer le coup, en s'emparant de la main.

Si le joueur ayant ses cinq cartes, le donneur en retourne deux ou plusieurs, au lieu d'une, l'adversaire a le droit d'établir la retourne telle qu'elle devait être et de laisser les cartes vues dans l'ordre qu'elles avaient au talon, ou encore de faire recommencer le coup.

Celui qui retourne un roi marque un point.

Celui qui a dans son jeu le roi de la couleur de la retourne, marque un point; mais il faut pour cela annoncer le roi avant d'avoir jeté sa première carte, c'est-à-dire avant que cette carte ait touché le tapis.

Pour annoncer le roi, on dit : *J'ai le roi.*

Si c'est le roi lui-même que l'on joue pour première carte, on peut le marquer sans l'annoncer autrement.

Il est permis de ne pas annoncer le roi, et, dans ce cas, on n'a pas le droit de le marquer.

Celui qui donne les cartes doit annoncer le roi, s'il l'a dans son jeu, avant d'avoir joué ; mais il est prudent de ne faire cette annonce qu'après que l'adversaire a jeté sa première carte.

Lorsqu'un joueur a annoncé le roi sans l'avoir dans son jeu, l'adversaire peut reprendre les cartes qu'il a jouées.

Le joueur qui fait trois levées marque un point.

Celui qui fait toutes les levées, *fait la vole* et marque deux points.

Si le premier à jouer n'est pas content de ses cartes, il peut en demander d'autres, et autant qu'il en désire jusqu'à cinq, en disant : *J'écarte* ou *je propose.*

L'adversaire examine son jeu, et, s'il espère l'améliorer en écartant, il répond : *Combien ?* et donne les cartes demandées, ayant soin de se servir lui-même autant de cartes qu'il en jette.

Si le donneur refuse l'écart, et s'il ne fait pas le point, il perd deux points. Le premier à jouer subirait la même perte si, n'ayant pas écarté, il ne faisait pas le point.

Celui qui donne est toujours obligé de déclarer de combien il écarte, quand son adversaire le lui demande.

On peut écarter une, deux, trois fois, jusqu'à l'épuisement du talon.

Il peut arriver que l'adversaire demandant toujours à écarter, sans qu'il y ait assez de cartes au talon pour le satisfaire, celui qui sert réponde? *Combien?..* Alors celui qui a demandé est tenu d'écarter ; il prend les cartes du talon et complète son jeu dans le dernier écart qu'il vient de faire ou qu'il est sur le point de jeter.

Dans aucun cas on ne peut refuser les cartes, quand on les a demandées, et celui qui sert ne peut les retenir, s'il a accepté la proposition à lui faite de recourir à l'écart.

Si, dans un des écarts, le premier servi s'aperçoit qu'il n'a pas le nombre de cartes par lui demandé, il les complète en en prenant parmi celles que s'est servies son adversaire, et dans l'ordre naturel du talon. Mais si l'adversaire déjà servi avait mêlé ses cartes, le premier à jouer compléterait son jeu dans le talon.

Si, dans la donne sur écart, on retourne une carte, comme en jouant de première fois, l'adversaire peut exiger un second écart, qu'on ne peut lui refuser.

On perd un point quand, après donne sur écart, on joue avec plus de cinq cartes, et le droit de marquer le roi est perdu aussi.

Il arrive parfois que, après la donne sur écart, ou même avant, un joueur a plus de cartes qu'il ne lui en faut ; on fait alors tirer, au hasard, par une personne étrangère au jeu, les cartes excédant le nombre voulu.

Chaque joueur, avant de recevoir de nouvelles

cartes, jette du côté opposé au talon celles qu'il veut écarter : les écarts des deux joueurs ne doivent point se mêler, et nul ne peut y regarder, sans encourir la peine de jouer à jeu découvert.

Pour qu'un coup soit engagé, il faut, à l'égard de celui qui est le *premier*, qu'il ait ou nommé le *roi,* ou proposé d'écarter, ou joué une carte.

Quant à celui qui est *dernier*, il faut qu'il ait, ou posé le *talon*, ou fait connaître la *retourne*, ou demandé de combien l'on écarte, ou déclaré ne pas vouloir écarter.

On ne peut pas *renoncer,* c'est-à-dire refuser de jouer de la couleur demandée, si l'on en a.

On ne peut pas non plus *sous-forcer*, c'est-à-dire fournir de la couleur demandée, mais dans une carte inférieure à celle qui est jouée par l'adversaire : ainsi, par exemple, jeter un valet de pique sur une dame de pique, si on a le roi de pique.

Si un joueur a renoncé ou sous-forcé, dès qu'on s'en aperçoit, chacun reprend ses cartes pour jouer de nouveau. Dans ce cas, le joueur qui a renoncé ou sous-forcé ne gagne qu'un point s'il fait la vole, et rien s'il ne fait qu'un point.

Comme dans la plupart des jeux, si l'on quitte la partie à l'écarté, on perd ; mais on ne peut la quitter quand il y a des paris engagés.

Le joueur avec lequel on a parié peut suivre les avis du parieur, s'il les trouve bons, mais on ne peut jamais l'y contraindre.

Quand le pari est à charge de revanche, la revanche n'est forcée que pour celui qui gagne ; le perdant peut la refuser.

Enfin, comme les paris sont de convention dans la partie, il faut, pour qu'ils existent, les renouveler chaque fois, à moins de conditions établies d'avance par les deux adversaires.

LE LANSQUENET.

L'ancien jeu du lansquenet était en grande faveur sous Louis XIII et pendant les premières années du règne de Louis XIV, parmi les gentilshommes de la cour. Les officiers de fortune surtout en faisaient grand cas, et les mousquetaires, après leurs duels ou leurs ripailles, ne connaissaient pas de plus agréable passe-temps. Le capitaine d'Artagnan, que le génie du plus spirituel de nos romanciers semble avoir immortalisé, était un intrépide joueur de lansquenet.

Plus tard, le grand Colbert défendit, par un arrêt sévère, les jeux de hasard, y compris le lansquenet. Dès lors, ce jeu eut l'attrait du fruit défendu : il fit fureur. Ensuite l'arrêt tomba en désuétude, et le lansquenet finit par mourir oublié... Mais un jour, en plein dix-neuvième siècle, une femme à la mode voulut ressusciter le jeu des mousquetaires, et, depuis quelques années, il a repris sa vogue.

Toutefois les règles du lansquenet moderne sont beaucoup moins compliquées que celles de l'ancien, lequel ne se joue plus.

RÈGLES DU JEU.

On se sert, pour jouer au lansquenet, de plusieurs jeux de cartes réunis, même d'un sixain tout entier. Les joueurs sont un *banquier* et un nombre de *pontes* illimité.

Après avoir tiré au sort à qui sera d'abord banquier, ce dernier mêle les cartes, fait couper à sa gauche, puis il annonce la somme qu'il veut jouer. Le premier joueur à la droite du banquier a ensuite la parole; il peut, à lui seul, tenir toute la somme que le banquier a proposée; il peut aussi n'en tenir qu'une partie; enfin, il a le droit de dire qu'il *passe*.

Si le premier joueur tient tout ce qu'a proposé le banquier, le jeu est fait. Si ce premier ne tient qu'une partie de la somme, le second peut le *relancer* en offrant de tenir tout à lui seul. Tant que la somme entière n'est pas tenue, le joueur, parlant à son tour, peut relancer les joueurs précédents en offrant de tenir tout.

Le premier joueur ayant passé peut relancer à son tour, si toute la somme n'a pas été tenue par les autres joueurs.

Les *relances* ou *renvis* étant ainsi faits, soit que la somme soit tenue par un seul ponte ou par plusieurs qui en tiennent chacun une partie, le banquier retourne une carte qui est la sienne, et qu'il place à sa gauche, puis il en retourne une seconde qui est celle des pontes, et qu'il place à sa droite; il en retourne ensuite une troisième, puis une quatrième, etc., qu'il pose entre les deux premières, jusqu'à ce qu'il en amène une semblable à la sienne ou à celle des pontes; dans le premier cas, il gagne; dans le second il perd, et la banque passe à son voisin de droite.

Lorsque, après avoir tiré sa carte, le banquier tire, pour les pontes, une carte semblable à la sienne, il gagne, et c'est ce qui s'appelle un *refait* ou *plié*. Dans ce cas, il est loisible au banquier de retirer du jeu le gain résultant de ce derner coup seulement.

Après le premier coup, s'il est gagné par le banquier, celui-ci est tenu de laisser au jeu, pour le second coup, l'argent qu'il avait mis au premier et celui qu'il y a gagné; de sorte que, pour le second coup, le jeu se trouve doublé; pour le troisième il se trouve quadruplé, et ainsi de suite jusqu'à ce que le banquier perde, ou passe volontairement la banque à son voisin.

Tant que le banquier *passe*, il peut tenir les cartes, mais il n'y est pas contraint; il peut passer la banque à son voisin de droite quand il le veut, même après le premier coup.

Lorsque le banquier perd, la banque, comme on l'a dit plus haut, passe de droit à son voisin sans que les autres joueurs puissent s'y opposer; mais si le banquier la quitte volontairement, les autres joueurs peuvent offrir de l'acheter. Ainsi, par exemple, si un banquier fait un louis en prenant les cartes et qu'il passe deux coups, la banque se trouve être de quatre louis. Que le banquier quitte alors la banque volontairement, son voisin de droite la prend, et il ne met en banque, pour commencer, que la somme qu'il veut jouer; mais si, dans ce cas, un autre joueur offre de prendre la main, c'est-à-dire d'acheter la banque, il met en banque les quatre louis, et il prend les cartes. Si cet acheteur perd, la banque revient à celui des joueurs qui y avait droit lorsqu'elle a été achetée; mais si cet acheteur la quitte volontairement, elle peut de nouveau être achetée, et elle ne revient à l'ayant-droit que lorsque l'acheteur perd, ou que, voulant quitter la banque, il ne se trouve plus d'acheteur.

Lorsque, la banque passant naturellement à un joueur, un autre offre de l'acheter, le premier peut la garder en l'achetant lui-même : il a toujours la préférence; et ainsi de suite par ordre de rang à partir de la droite du dernier banquier.

Lorsque la banque a été achetée trois fois de suite, elle ne peut plus l'être une quatrième, et elle revient à celui qui devait l'avoir lorsqu'elle a été achetée la première fois.

Telles sont les règles du lansquenet moderne.

LE BACCARA.

Le *baccara* est un jeu d'argent qui était encore presqu'inconnu, il a y quelques années, dans certaines localités de la France. On le joue depuis longtemps avec fureur dans le Midi et dans les départements de l'ouest. Il est connu même des paysans qui, aux époques des grandes foires, risquent des sommes énormes. J'ai vu un cultivateur perdre vingt-deux mille francs à une foire de Saintes, (Charente-Inférieure). Aujourd'hui le baccara est assez à la mode dans quelques salons de Paris.

Au *baccara*, il y a un *banquier* et des *pontes*.

Le *banquier* tient deux jeux de cartes entiers, il fait mêler par les pontes et couper par la galerie, avant de donner; il peut brûler, avant d'entamer sa *taille*, le nombre de cartes qui lui convient; mais il faut qu'il prévienne avant de faire couper.

Les pontes sont divisés par deux compartiments, l'un à droite, l'autre à gauche du banquier.

Chacun des pontes pose devant lui la somme qu'il veut engager sur l'un ou l'autre de ces compartiments ; le banquier double provisoirement chacune de ces mises, sauf à savoir quel est celui qui, plus tard, en retirera la totalité.

Cette première opération terminée, le banquier distribue les cartes une par une, de la manière suivante :

1° Une carte pour la droite, une pour la gauche, une pour lui-même;

2° Une autre carte pour la droite, une pour la gauche, une pour lui-même.

Au *baccara*, les points de 9, 19, 29, sont les meilleurs; viennent après, ceux de 8, 18, 28, 7, 17, 27, etc. Ainsi, les nombres qui se rapprochent le plus de 9, 19, 29, c'est-à-dire des points qui ont pour final 9, gagnent sur ceux qui sont au-dessous.

La valeur des cartes se compte par le nombre des points qu'elles expriment. Les figures comptent pour dix.

Celui des joueurs, ponte ou banquier, qui, dans les deux premières cartes, se trouve avoir d'emblée 9 ou 19, 8 ou 18, abat tout de suite son jeu.

Si le banquier a 9 ou 19, et que les pontes n'aient pas un point semblable, il ramasse l'argent qui était engagé.

Le coup serait comme non avenu à l'égard du ponte qui produirait un point égal.

Si le banquier n'avait d'emblée que 8-18, que l'un des pontes eût 9-19, et l'autre un point au-dessous de la finale 8, le banquier payerait le premier ponte, et ramasserait l'argent du second.

Les points de 10, 20, 30, se nomment *baccara*.

Si nul des joueurs, banquier ou ponte, n'a l'un des points 8 ou 9, le banquier demande au ponte de droite s'il veut une troisième carte.

On n'en donne jamais une quatrième au même joueur.

Le banquier fait la même question au ponte de gauche, et lui donne une troisième carte, si ce dernier le désire.

Il en prend ensuite une pour lui-même, s'il le juge à propos : c'est ce qu'on appelle *tirer ;* ou bien il se *contente* du point qu'il a.

Dès que le banquier a tiré, ou qu'il a déclaré qu'il est *content*, chacun abat son jeu.

Alors, le banquier ou celui des pontes dont le point se rapproche le plus de 9, gagne sur l'adversaire dont le point s'en éloigne.

Par exemple, si le banquier se trouve avoir 6, l'un des pontes 5, l'autre 7, le banquier gagne sur le premier ponte, et perd avec le second.

Si l'un et l'autre ponte avaient 8 et 7, le banquier

n'ayant que 6, paierait tout le monde; mais s'ils n'avaient que 5, le banquier retirerait la totalité de l'argent engagé sur l'un et l'autre tableaux.

Si les pontes avaient 6, ils égaliseraient avec le banquier, en supposant toujours que celui-ci n'eût que ce point.

LA BOUILLOTTE.

La bouillotte est un jeu qui date du Directoire. C'est le brelan transformé. Les Directeurs, qui siégeaient alors au Luxembourg, sous la présidence de Barras, voulurent un jeu nouveau, et ils se mirent à inventer la bouillotte. A cette occasion, la belle madame Tallien, qui se promenait dans le jardin du Luxembourg, disait : « Ils sont là-» haut cinq rois qui suent sang et eau pour faire » un brelan de valets. »

La bouillotte n'en a pas moins résisté à l'épigramme. Sous l'Empire, c'était le jeu des hommes d'Etat; il a détrôné l'écarté : il est devenu le jeu des grandes émotions, et il continue à être admis dans les cercles où l'on ne veut perdre que des sommes limitées.

L'origine du brelan, qui a donné naissance à la bouillotte, est fort ancienne; il est même probable que son invention a suivi de près celle des cartes. Sous Charles IX, les maisons de jeu étaient déjà appelées *brelans*, comme on peut le voir dans l'ordonnance dite d'Orléans, que ce roi rendit contre les jeux.

Le hasard de trois cartes semblables, qui constitue le brelan, se trouve dans plusieurs jeux fort anciens, tels que le hoc, le poque, le gilet, le commerce, l'ambigu, le quarante de rois, etc.

Le brelan était déjà défendu sous le règne de

Louis XIV, ainsi que nous l'apprend Boileau par ces vers :

D'écoliers indiscrets une troupe indocile
Va tenir quelquefois un *brelan* défendu.

Le brelan résista à toutes les persécutions. Prohibé par Louis XIV, il reparut avec plus de fureur que jamais sous Louis XV, et resta en faveur jusqu'à sa transformation.

La bouillotte se joue de plusieurs manières. Voici d'abord les règles qui concernent spécialement la bouillotte ordinaire. Elles seront suivies des règles relatives aux *bouillottes de convention*, telles que la bouillotte à la carre forcée, au décavé, à trois, au brelan de mistigri, etc.

RÉSUMÉ DES RÈGLES.

La marche du jeu de bouillotte est trop connue pour qu'il soit besoin de la donner ici; je me bornerai, en conséquence, à indiquer le résumé des règles, qui pourra servir de guide en cas de contestation des joueurs.

Les places sont tirées au sort.

La mise ordinaire est de cinq jetons et cinq fiches valant chacune cinq jetons.

Les cartes se donnent une à une jusqu'à trois, puis on retourne.

Si l'on s'aperçoit qu'une des cartes est marquée, on doit suspendre le coup et prendre un autre jeu.

Si on tourne une carte par inadvertance ou s'il s'en trouve de retournées dans le jeu, on refait avec le second jeu de cartes; mais on continue de donner, pour s'assurer qu'aucun des joueurs n'a brelan.

Le brelan simple reçoit deux jetons de chaque joueur; le brelan carré en reçoit quatre.

Lorsque personne n'ouvre le jeu, le même donneur recommence à donner, chaque joueur remettant un jeton.

On ne joue jamais moins que le jeu.

Toute partie doit être commencée à caves égales.

Un joueur, pendant le cours d'une partie, ne peut rien ôter de sa cave; il ne peut rien y ajouter non plus, tant qu'il n'est pas entièrement décavé.

Le joueur décavé peut se recaver de telle somme que bon lui semble, à moins de convention particulière.

Un joueur décavé qui se recave, étant dernier en cartes, ne *donne* pas; la main passe. Il en est de même du joueur rentrant.

Un joueur peut faire *charlemagne* quand bon lui semble.

On se carre en doublant le montant de la passe.

On se contrecarre en doublant le montant de la carre.

On se tricarre en doublant le montant de la contrecarre.

Le joueur qui a passé avant que le jeu ne soit ouvert peut revenir contre celui qui l'ouvre et tenir.

Lorsque plusieurs joueurs tiennent, c'est à celui placé le plus près à la droite du joueur à déclarer combien il joue, sauf la relance des autres joueurs qui tiennent.

Celui qui, après avoir ouvert ou tenu, ne veut pas tenir ce dont il est relancé, renonce en payant ce qu'il a joué.

Quand un joueur a la parole et qu'il ne veut pas s'en servir pour réclamer, il la passe au joueur qui est à sa droite.

Chaque brelan simple donne un jeton au flambeau; le brelan carré en donne deux.

BOUILLOTTES DE CONVENTION.

Bouillotte à la carre forcée.

Lorsqu'on joue avec carre forcée, on augmente la valeur des jetons.

Le seul joueur qui donne des cartes met un jeton devant lui. Ce jeton sert pour la passe, ainsi que pour la carre.

A la partie de la carre forcée, le dernier en cartes et le premier peuvent *être* en même temps *au tapis*.

Bouillotte au décavé.

Tout joueur qui a perdu la totalité de sa cave se retire pour faire place à un rentrant, s'il s'en trouve.

Les joueurs nouveaux-venus prennent leur tour pour rentrer après les joueurs déjà sortis.

Lorsque deux ou trois joueurs sont décavés dans le même coup, le premier à rentrer est celui qui était premier en cartes.

Le joueur qui fait impromptu peut se recaver immédiatement.

Un joueur n'est pas décavé tant qu'il lui reste un jeton devant lui.

Bouillotte à trois.

Dans la bouillotte à trois, le *ménage* est fait par le joueur qui se trouve placé à la gauche du *donneur*.

Bouillotte au brelan de Mistigri.

Le brelan de *mistigri* se paye comme le brelan simple.

Le plus faible brelan de *mistigri* emporte l'avantage sur le point.

Bouillotte Saint-James.

Le brelan Saint-James se paye deux jetons. Il gagne sur le point.

Le brelan au *misti* de retourne se paye quatre jetons.

Le brelan carré ordinaire se paye quatre jetons. Il gagne sur le brelan Saint-James.

Bouillotte sans brelans.

On ne peut jamais se caver d'une somme plus forte que celle fixée pour la mise d'entrée.

Tout joueur qui atteint le *maximum* de cave également fixé, se retire pour faire place à un rentrant, s'il s'en trouve, ou bien il retire de sa cave l'excédant de sa mise d'entrée.

Celui qui fait *impromptu* se recave.

Passer, c'est jouer. Ce n'est donc plus faire impromptu que de perdre le montant de sa cave au second coup de cartes, bien qu'on ait *passé* au premier.

Lorsqu'un joueur fait *charlemagne* sans se retirer, l'un des trois autres joueurs peut changer de place avec lui. Ce droit appartient à celui des trois qui le réclame le premier.

Lorsque deux joueurs se retirent, l'un en faisant *charlemagne* et l'autre parce qu'il est décavé, la place du décavé doit être prise par le joueur qui est le premier à rentrer.

L'IMPÉRIALE.

RÈGLES DU JEU.

Le jeu de cartes dont on se sert à l'impériale se compose de trente-deux cartes.

On ne joue l'impériale qu'à deux, très-rarement à trois; et, dans ce dernier cas, il faut ajouter au jeu les *six* de chaque couleur.

La donne se tire au sort, car il est avantageux de donner.

Celui qui a la donne distribue douze cartes à chaque joueur, et retourne la vingt-cinquième, si l'on est deux; si l'on est trois, comme toutes les cartes sont épuisées, c'est la dernière qui est retournée : elle désigne la *triomphe* ou l'atout.

Le donneur est tenu, avant de retourner la dernière carte, de s'assurer du talon. Sans cette formalité, s'il y a maldonne, le coup est nul, et l'adversaire s'empare de la main.

La valeur des cartes commence par le roi, et continue par la dame, le valet, l'as, le dix, et ainsi de suite.

Avant de commencer, on détermine la valeur du jeu et le nombre d'impériales qui composera la partie; ordinairement on se décide pour cinq impériales.

Le donneur distribue, alternativement à son adversaire et à lui-même, les cartes deux par deux ou trois par trois; cependant on convient préalablement du mode de distribution des cartes, et, pendant toute la partie, on est tenu de suivre la convention établie, sous peine de perdre son tour.

On ne peut donner deux fois consécutives; mais, si la retourne est faite et les cartes distribuées, il ne serait plus temps de dénoncer l'erreur, et le coup passerait ainsi.

La maldonne entraîne pour celui qui l'a faite l'annulation du tour, qui passe à l'adversaire. Si elle consiste à avoir retourné la vingt-sixième carte ou la vingt-septième pour la vingt-cinquième, le donneur est tenu de mettre son jeu à découvert; l'adversaire peut alors, ou faire retourner la carte qui devait être retournée, ou refaire.

Quand un joueur regarde ou retourne une des cartes du talon, l'adversaire a le droit de s'y tenir ou de faire refaire, si le coup n'est pas entamé et si ni l'un ni l'autre n'a vu son jeu.

Autrement, celui qui a fait cette faute est obligé de jouer, mais une fois seulement, de la couleur que son adversaire lui demande.

Chaque joueur a cinq jetons et quatre fiches, qu'il place à sa gauche et qui lui servent à marquer. Si l'on n'a pas déterminé le nombre des impériales, c'est celui qui a le premier fait passer ses jetons de gauche à droite qui gagne.

Mais si l'on est convenu de jouer à un certain nombre d'impériales, quatre points se marquent avec un jeton, et une fiche vaut vingt-quatre points. Cette fiche est dite *impériale*, ainsi que toutes les autres, qu'on acquiert avec vingt-quatre points. Du moment où l'on a autant de fiches qu'on a désigné d'impériales pour la partie, on a gagné l'enjeu, qui se fait en argent, et se place au milieu de la table, ou dans un coin opposé à la corbeille.

Le roi, la dame, le valet, l'as et le sept d'atout, c'est-à-dire de la couleur marquée par la retourne, valent chacun un jeton ou quatre points à celui qui les a dans son jeu, ou qui rencontre l'une de ces cartes dans la retourne, quand il donne.

On compte aussi quatre points pour chaque levée qu'on fait au-dessus des six qui constituent le devoir de chaque joueur.

Celui qui, par les moyens indiqués, gagne vingt-quatre points, marque une impériale, et fait démarquer les points que son adversaire peut avoir dans ce moment. Cette règle est rigoureuse et s'applique au cas où l'on fait impériale d'emblée, comme nous allons le voir.

Il y a plusieurs espèces d'impériales.

La première a lieu quand, dans les douze cartes

reçues, on se trouve avoir le roi, la dame, le valet et l'as d'une même couleur.

La seconde, quand on a quatre rois, ou quatre dames, ou quatre valets, ou quatre as, ou quatre sept, ou encore quatre six, lorsqu'on joue à trois.

On peut avoir ces deux sortes d'impériales à la fois; car rien n'empêche, par exemple, que l'as ou toute autre carte constituant une impériale avec les trois autres marquants de sa couleur, puisse concourir à la seconde impériale, si l'on a trois autres as ou trois autres cartes de la qualité d'une de celles qui servent à former la première impériale.

Il y a aussi l'*impériale* dite *tournée.*

Elle n'appartient qu'au donneur; mais, dans beaucoup de salons, elle est commune aux deux adversaires : cela dépend des conditions établies.

Si l'on tourne des cartes qui servent à former la première sorte d'impériale, et qu'on ait dans son jeu les trois autres, la retourne complète l'impériale au profit du donneur.

Exemple : si j'ai la dame, le valet et l'as de trèfle, et que je retourne le roi de trèfle, je compte une impériale comme si j'avais ce roi dans mon jeu.

La seconde sorte d'impériale peut aussi avoir lieu de cette façon : si j'ai les dames de pique, de cœur et de trèfle, et que la dame de carreau tourne, elle peut servir à me compléter l'impériale.

Impériale tombée. C'est la plus rare de toutes; ayant le roi et la dame d'atout, si on gagne, par les levées, on obtient les cartes nécessaires pour former la première impériale. Les conditions quelquefois portent le payement de cette impériale au double.

Impériale blanche. Celui qui, dans son jeu, n'a aucune figure, fait impériale blanche, laquelle compte pour deux impériales : parmi les cartes composant cette impériale, il peut se trouver quatre as ou quatre autres cartes marquantes formant la seconde espèce d'impériale ; elle se marque en sus des blanches. Mais, dans ce cas, comme dans celui des impériales blanches seules, l'adversaire ne démarque pas et compte les impériales qui se trouvent dans son jeu, sans faire démarquer lui-même les points du joueur qui a l'impériale blanche : le coup ne se joue pas, et la main passe comme s'il avait été joué.

Voici maintenant la manière de jouer l'impériale.

Quand on a reçu ses douze cartes, on s'occupe d'abord du point, c'est-à-dire on rassemble la couleur dont a le plus de cartes, on en compte les points, à raison de onze pour l'as, de dix par figure, les autres cartes valant les points qu'elles représentent. Cet examen et ce calcul sont communs aux deux joueurs ; mais le donneur garde le silence, attendant que son adversaire commence à parler. Celui-ci ayant indiqué son point, l'autre répond, s'il est plus fort que le sien : *Il est bon* ; s'il est égal au sien : *Il est égal* ; dans ce cas c'est l'adversaire qui l'emporte ; et enfin ces mots : *Il ne vaut pas*, font entendre que son point est supérieur.

Le point compte quatre, que l'on marque, ainsi qu'on l'a dit plus haut, par un jeton qui se place sur la table, à droite.

Dans l'examen et le calcul de son point, il est de la plus grande importance pour le joueur d'examiner ses impériales, et de les montrer en même temps, car plus tard elles n'auraient aucune valeur.

Les impériales et le point une fois comptés et marqués, le premier en cartes, c'est-à-dire celui qui n'a pas donné, joue telle carte qu'il juge à propos.

L'adversaire est obligé de fournir de la même

couleur, s'il en a : son intérêt est de prendre, afin de jouer ensuite la couleur qui lui convient. Si l'on n'a pas de la couleur jouée, on coupe avec l'atout.

Si l'on joue atout, et que l'on commence par les plus forts, on gagnera sur l'adversaire les plus petits atouts qui servent à marquer les levées et qui comptent après en leur qualité de marquants.

Dans cette extrémité, l'adversaire ne pourra couper quand il n'aura pas de la couleur jetée, et verra ainsi ses belles cartes enlevées par les plus basses.

Le coup fini, chacun compte et marque ses levées et ses marquants.

Quand le point est fort, et qu'étant le premier à jouer on a une impériale d'atout, il faut commencer à jouer atout pour empêcher à son adversaire de couper. Si l'on parvient à faire toutes les levées, on donne ce qu'on appelle une *capote*, et on gagne deux honneurs en sus.

Lorsqu'on joue à trois, le premier en cartes est toujours obligé de commencer par un atout; du reste, les règles du jeu sont les mêmes que pour l'impériale à deux.

A l'impériale, les cartes qui font marquer quatre points portent le nom d'*honneurs :* on a vu que c'était le roi, la dame, le valet, l'as et le sept de chaque couleur. Quand on joue à trois, le six est aussi un honneur.

Quand on tourne un honneur, on marque un jeton ou quatre points ; quand on coupe avec un honneur, on marque encore un jeton; mais, comme la marche du jeu amène des honneurs à être enlevés par d'autres plus forts, et que l'esprit est absorbé dans les combinaisons du jeu, on fait les levées ; ce n'est qu'à la fin, comme nous l'avons dit, qu'on marque les honneurs, avec les points gagnés dans les levées.

Les levées étant égales, on ne compte rien : chacun a fait son devoir.

Voici quels sont les points que l'on compte et qui forme vingt-quatre ou une impériale : on sait que ces points peuvent être effacés quand ils sont au-dessous de vingt-quatre. Si par exemple, l'un des joueurs avait vingt points de gagnés, et que son adversaire eût une impériale en main ou retournée, cette impériale rendrait nuls les vingt points qu'elle ferait démarquer : l'adversaire, tout en obligeant ainsi de démarquer, conserve ses propres points, à moins toutefois qu'ils ne soient annulés par une autre impériale du premier joueur. C'est par de telles combinaisons que les parties se prolongent, en rendant le jeu vif, piquant, et semé de retours variés.

Pour compter les points et les impériales, il y a un ordre à suivre, sans lequel une foule de contestations auraient lieu.

On compte la retourne d'abord, puis les impériales que l'on a en main ou les impériales de retourne, puis le point : les honneurs viennent après, puis enfin le surplus des levées.

Lorsqu'il n'y a plus que quatre ou quelques points avant de finir la partie, la retourne est reçue à la terminer plutôt qu'une impériale en main ; celle-ci plutôt que l'impériale tournée ; l'impériale tournée plutôt que le point ; celui-ci plutôt que l'impériale tombée, et celle-ci plutôt que les honneurs ; enfin les honneurs sont reçus plutôt que les levées, qui sont les derniers points du jeu.

On dit qu'un joueur est *capot*, quand son adversaire a fait les douze levées du coup joué.

Chaque honneur reçoit le nom de *marquant*, à cause du point qu'il donne le droit de marquer.

On appelle *cartes blanches* un jeu où il ne se trouve ni roi, ni dame, ni valet.

La *primauté* est l'avantage par lequel le joueur

qui est le premier à jouer gagne par préférence, quand il a un jeu égal à celui de son adversaire.

LE BESIGUE.

Voici un jeu qui n'est connu à Paris que depuis un petit nombre d'années; comme toutes les choses nouvelles, il a été fort à la mode pendant quelque temps, et il a du se répandre dans la plupart des départements où n'ont pàs manqué de l'emporter, les étudiants qui le jouaient beaucoup dans les cafés, il y a deux ou trois ans.

Le *besigue* est connu depuis très-longtemps dans quelques provinces de l'ouest, telles que la Saintonge, le Poitou, l'Angoumois, l'Aunis, seulement on l'appelle le *bezit*. C'est, du reste, un jeu qui ne manque ni de charme, ni de variété, et pour lequel on se passionne facilement. La mémoire et l'habitude des cartes tiennent un grand rôle dans l'art de bien jouer le besigue.

Voici la marche, très-simple, du reste, de ce jeu de carte :

Le besigue se joue généralement à deux personnes, et en 1,000 points, avec deux jeux de trente-deux cartes.

L'ordre et la valeur des cartes, considérées isolément, sont ainsi réglés, savoir : l'as vaut 11 points, le dix en vaut 10, le roi 4, la dame 3, le valet 2; les neuf, huit, sept, suivent la progression décroissante; mais ils n'ont aucune valeur, pour les points.

Considérées par groupes et par mariages, les cartes ont les valeurs suivantes :

Quatre as réunis se comptent pour 100 points; quatre rois, pour 80; quatre dames, pour 60; quatre valets, pour 40; le mariage, c'est-à-dire la réunion du roi et de la dame de même couleur, vaut 40, s'il est en atout, et 20 seulement s'il est d'une autre couleur ; un double mariage en atout vaut 80 points; un double mariage simple vaut 40 points; la dame de pique réunie au valet de carreau, forme le *besigue,* qui vaut 40 points : la réunion de deux dames de pique et de deux valets de carreau, c'est-à-dire le *double besigue,* vaut 500 points. C'est un des coups les plus rares et les plus décisifs de la partie; la quinte majeure d'atout : as, dix, roi, dame et valet, vaut 250 points C'est encore un des grands coups du jeu; deux sept d'atout valent ensemble 20 points.

La primauté se tire au sort. Celui qui a la main mêle les cartes et les fait couper par son adversaire qui commence le jeu. Chaque joueur prend la main à son tour.

Le donneur distribue alternativement deux par deux, ou par deux et trois, huit cartes à son adversaire et autant à lui-même, puis il retourne la dix-septième, qui indique la couleur de l'atout. Les cartes du talon sont posées à sa droite.

Si la retourne est un sept, le donneur marque dix points. Si c'est une autre carte, celui des deux joueurs qui a le sept de même couleur peut l'échanger contre la retourne, et il marque dix points.

Après chaque levée, chacun des joueurs compte ses points et prend une carte au talon, de manière à avoir constamment huit cartes en main. Celui qui a fait la levée prend le premier.

Aucun joueur ne peut annoncer ni montrer une carte, un mariage ou un groupe sans avoir préalablement fait la levée, et avant de prendre une carte au talon. En sorte qu'il n'a en mains que sept cartes.

Il n'est permis de montrer ou de compter aucune carte, aucun mariage ni aucun groupe, que séparément.

De deux cartes de la même valeur, la première jouée emporte la levée.

Dans le courant du jeu, on ne peut ni compter les cartes du talon, ni examiner les levées qu'on a faites, et à plus forte raison celles de l'adversaire.

Tant qu'il y a des cartes au talon, on peut renoncer, sans forcer, et même couper avec de l'atout, bien qu'on ait en main la couleur demandée.

Quand le talon est épuisé, on est tenu de fournir de la couleur demandée et de forcer dans cette couleur, c'est-à-dire de jouer une carte supérieure à celle de l'adversaire. Si l'on n'a point de la couleur, il faut couper avec de l'atout. Enfin, si l'on manque d'atout, il faut renoncer.

Qui renonce, sous-force ou coupe, alors qu'il peut faire autrement, *compte à la muette*, c'est-à-dire qu'il ne marque pas les points de ses levées. Toutefois, les points qu'il a comptés précédemment lui sont acquis.

Le talon épuisé, les joueurs ne peuvent plus montrer de groupes ni compter de points. La dernière levée compte pour dix à celui qui l'a faite.

A la fin de chaque partie, les joueurs font respectivement l'addition des points qui résultent des brisques et des figures de leurs levées, et ajoutent au résultat le nombre de points qu'ils ont fait dans le courant de la partie. Les brisques et les figures de deux jeux valent ensemble 240 points.

Le premier joueur qui atteint 1000 points, gagne la partie. Il ne peut le déclarer qu'après avoir fait la levée. Cette déclaration n'est admissible qu'avant l'épuisement du talon, ou après que toutes les cartes ont été jouées.

Le joueur qui s'attribue le gain de la partie, perd son enjeu si sa déclaration est reconnue fausse.

Si les deux joueurs ont fait simultanément 1000 points, le gain de la partie est acquis au joueur qui a fait la dernière levée.

En cas de mal-donne, les cartes sont mêlées et distribuées de nouveau.

Si l'un des joueurs a neuf cartes dans son jeu, il perd 60 points et ne prend point de cartes à son tour, afin de régulariser son jeu.

S'il conserve neuf cartes au lieu de huit jusqu'à la fin de la partie, il perd 150 points.

LA BRISQUE.

J'intervertirai légèrement l'ordre alphabétique pour dire ici incidemment quelques mots de la *brisque*, parce que je crois que la *brisque* n'est qu'un dérivé de ce jeu primitif.

La *brisque* se joue à deux avec un seul jeu de cartes, et exactement comme le besigue, mais seulement en 100 ou 150 points. Les mariages de rois et de dames sont les seuls qui comptent, et l'on n'admet ni quintes majeures ni groupes.

Ce qu'on appelle la *brisque borgne*, se joue sans retourne, absolument comme le *besigue sans retourne,* dont on va trouver la règle ci-après, et d'après les mêmes principes que l'autre brisque.

Revenons au *besigue* et à ses diverses variétés.

BESIGUE A TROIS.

Cette partie se joue en 1500 points, au moyen de trois jeux de cartes.

Le donneur mêle les cartes et les fait couper par le joueur placé à sa gauche. Il distribue les cartes de gauche à droite, par deux et trois, ou par deux seulement, jusqu'à ce que chacun en ait huit. La vingt-cinquième est retournée et marque la couleur de l'atout. Les cartes du talon sont posées en biais, à cause de leur volume.

Le premier joueur de droite commence la partie, et celui qui fait la levée lui succède. Le jeu continue de gauche à droite.

Les règles ci-dessus s'appliquent au besigue à trois.

Trois dames de pique et trois dames de carreau réunis valent 1500 points. C'est un coup de partie excessivement rare.

BESIGUE A QUATRE.

Cette partie se joue avec partenaires, deux contre deux. On se sert de trois jeux de cartes.

Le sort décide des joueurs qui doivent être ensemble. On alterne à chaque partie. Quelquefois les joueurs choisissent eux-mêmes leurs partenaires.

Chacun a le droit d'annoncer tour à tour, après chaque levée, les mariages, les groupes, les besigues, etc., qu'il a en main.

Les points de chaque association se cumulent dans le cours de la partie.

Les levées sont rassemblées en un seul tas par l'un des associés, et la dernière ne compte que pour 10 en faveur des deux joueurs qui la font.

Les règles du besigue à deux sont applicables au jeu à quatre.

BESIGUE SANS RETOURNE.

Dans cette partie, on ne retourne pas la carte qui indique la couleur de l'atout. C'est le premier mariage compté qui indique cette couleur.

Le besigue sans retourne se joue à deux, à trois ou à quatre joueurs, avec partenaires,

La quinte-majeure d'atout, qui vaut 250 points, ne peut nécessairement être annoncée qu'après l'apparition du premier mariage qui en détermine la valeur.

Les sept d'atout sont ici sans emploi et sans valeur.

Les besigues, les quatre as, les quatre rois, les quatre dames et les quatre valets ont la même valeur que dans le besigue ordinaire; et ils peuvent être annoncés avant l'apparition du premier mariage.

Le premier mariage annoncé qui détermine l'atout, vaut 40 points.

Le double mariage simultanément annoncé vaut 80 points, et il indique pareillement la couleur de l'atout s'il est le premier annoncé.

Les autres mariages ont la même valeur qu'au besigue à retourne.

LE TRENTE-ET-UN.

Le trente-et-un est un jeu de hasard qui se joue entre un banquier et des pontes dont le nombre est indéterminé. En voici les règles :

Le banquier ayant un jeu de cinquante-deux cartes, ou même deux ou trois jeux, selon le nombre des pontes, mêle tout ensemble, fait couper, puis il distribue à chacun et à lui-même, une par une, trois cartes. Les figures valent dix, les autres cartes le nombre qu'elles indiquent ; l'as a le privilége de valoir onze ou un, selon qu'il convient à celui qui l'a en main.

La distribution des trois cartes étant terminée, chacun regarde son jeu. Celui dont les trois cartes forment *trente-et-un* les montre et reçoit du banquier deux jetons d'une valeur déterminée au commencement du jeu; si le banquier a *trente-et-un* d'emblée, chacun des pontes lui paye deux jetons, excepté ceux qui auraient trente-et-un, lesquels dans ce cas, ne payent ni ne reçoivent rien.

Le banquier n'ayant pas trente-et-un d'emblée, demande qui veut carte ; le premier à sa droite a la parole, et les autres successivement. Celui qui croit avoir un jeu trop faible demande carte; on lui en donne une ; il la regarde, et il peut ainsi en prendre successivement plusieurs : mais s'il arrive à dépasser le point de trente-et-un, il *crève* et paye deux jetons au banquier.

Le banquier, à son tour, prend successivement une ou plusieurs cartes, s'il ne trouve pas son jeu suffisant. S'il crève, il paye tout le monde. Lorsqu'il croit avoir un jeu suffisant, il dit qu'il s'y tient ; alors tous les pontes autres que ceux ayant eu trente-et-un d'emblée, et qui sont déjà payés, tous les pontes abattent leur jeu ; ceux dont le point est inférieur à celui du banquier lui paient deux jetons; ceux dont le point est supérieur en reçoivent deux jetons ; ceux dont le point est égal à celui du banquier ne donnent ni ne reçoivent rien : ils sont ce qu'on appelle payés en cartes.

Lorsque le banquier a achevé toutes ses cartes, ce qu'on appelle la *taille*, la banque passe à un des pontes par la droite, à moins qu'il n'ait été convenu que le banquier taillerait tant que durerait le jeu.

Après chaque coup joué, les cartes de ce coup se jettent de côté, et l'on continue avec celles qui restent, et ainsi jusqu'à la fin. On ne remêle que lorsque la taille est finie, à moins que le banquier ne s'aperçoive qu'il n'a plus assez de cartes pour terminer un coup ; dans ce cas, il étale les cartes qui lui restent, puis il les met avec les autres, et il remêle.

LE VINGT-ET-UN.

On y joue à deux personnes ou plus, avec un jeu entier. Comme la *donne* est avantageuse et qu'elle peut continuer longtemps à rester dans la même main, le sort en décide au commencement de la partie, en tirant au premier *as*. Le donneur prend le titre et la qualité de *banquier*.

Chacun prend vingt-cinq ou trente jetons, qu'il fait valoir ce qu'il veut.

Un as peut compter pour 11 ou pour 1 ; toutes les figures comptent pour 10, les autres cartes selon leurs points.

Après avoir mêlé et fait couper, le banquier donne deux cartes, en deux fois, à chacun des joueurs ainsi qu'à lui-même, en tenant toujours le talon à la main; puis il regarde son jeu, tandis que les autres examinent aussi le leur. Si un joueur a vingt-et-un, il dit *vingt-et-un* d'emblée, et met bas ses cartes. Le banquier doit demander à la ronde, en commençant par le premier joueur à gauche, s'il *s'y tient* ou s'il veut carte. Si on le désire, il donne une carte, qu'il doit prendre sur le talon; après cette tournée, il fait encore la même demande, et la renouvelle jusqu'à ce que les points de la carte ou des cartes ajoutés aux points des cartes primitivement données excèdent ou fassent le nombre *vingt-et-un*.

Si un des joueurs a dans son jeu un point qui dépasse 21, il *crève* : ce joueur doit aussitôt mettre ses cartes à découvert, et payer au banquier un jeton ; si le banquier prend un vingt-et-un, il reçoit deux jetons de chacun de ceux qui tiennent la partie, à l'exception des joueurs qui ont également vingt-et-un, et entre lesquels la partie est conséquemment égale.

Quand un des joueurs a vingt-et-un et que

banquier ne l'a pas, le joueur qui a le vingt-et-un gagne deux fois sa mise. En tout autre cas, à moins qu'il ne lui survienne un vingt-et-un d'emblée, le banquier paie un jeton à tous ceux dont les points au-dessous de 21, sont cependant au-dessus du sien, et il reçoit le même nombre de jetons de tous les joueurs dont le point est au-dessous; mais les joueurs qui ont un point égal à celui du banquier, n'ont rien à payer ni rien à recevoir; et, si le banquier a plus de 21, il crève et paie tous ceux qui n'ont pas jeté leurs cartes.

FIN.

TABLE.

Pages

BIBLIOTHEQUE NATIONALE DE FRANCE
3 7502 01663917 3

www.ingramcontent.com/pod-product-compliance
Ingram Content Group UK Ltd.
Pitfield, Milton Keynes, MK11 3LW, UK
UKHW020319220726
13923UKWH00003B/1247

9 782014 441574